BARREAU DE POITIERS

DE LA

MOBILISATION DU SOL

(MOBILISATION DU CRÉDIT HYPOTHÉCAIRE)

DISCOURS

PRONONCÉ

A LA SÉANCE SOLENNELLE DE RÉOUVERTURE DE LA CONFÉRENCE
DES AVOCATS STAGIAIRES

Le 14 Décembre 1895

PAR

Armand LAGARDE

Avocat à la Cour d'Appel,
Secrétaire de la Conférence.

POITIERS

IMPRIMERIE BLAIS, ROY ET Cie

7, RUE VICTOR-HUGO, 7

1896

DE LA

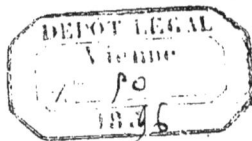

MOBILISATION DU SOL

(MOBILISATION DU CRÉDIT HYPOTHÉCAIRE)

~~~~~

DISCOURS

PRONONCÉ

A LA SÉANCE SOLENNELLE DE RÉOUVERTURE DE LA CONFÉRENCE
DES AVOCATS STAGIAIRES

Le 14 Décembre 1895

PAR

Armand LAGARDE

Avocat à la Cour d'Appel,
Secrétaire de la Conférence.

POITIERS

IMPRIMERIE BLAIS, ROY ET Cie
7, RUE VICTOR-HUGO, 7

—

1896

IMPRIMÉ AUX FRAIS DE L'ORDRE PAR DÉCISION DU CONSEIL

Poitiers, Imprimerie Blais, Roy et Cie, rue Victor-Hugo, 7.

Aujourd'hui, quatorze décembre mil huit cent quatre-vingt-quinze, à deux heures, l'Ordre des Avocats à la Cour d'appel s'est réuni, en robe, dans la salle d'audience de la première chambre de la Cour, pour assister à l'ouverture des conférences des avocats stagiaires.

Étaient présents :

MM. A. Tornezy, bâtonnier, président; de la Ménardière, Orillard, Druet, Pichot, Séchet, Mousset, membres du Conseil de l'Ordre ;

Dufourt d'Astafort, Mérine (Paul), Poulle, David, Deleffe, et Pouliot, avocats inscrits au Tableau.

La Barre était occupée par MM. les avocats stagiaires.

Le bâtonnier a ouvert la séance, annoncé la reprise des travaux de la conférence et prononcé une allocution.

Il a donné ensuite la parole à Mᵃ Courivault, qui a lu une étude sur les *Bureaux de placement*.

Aussitôt après, Mᵉ Lagarde a lu une étude sur la *Mobilisation du sol*.

Le bâtonnier a réglé le service de la conférence, pour les séances ultérieures.

La séance a été levée à quatre heures.

Poitiers, les jour, mois et an que dessus.

Le Secrétaire,
H. SÉCHET.

Le Bâtonnier,
A. TORNEZY.

DE LA MOBILISATION DU SOL

MOBILISATION DU CRÉDIT HYPOTHÉCAIRE

Monsieur le Batonnier,

Messieurs,

· En prenant la mobilisation du sol comme sujet de ce discours de rentrée, je m'étais proposé d'étudier ce régime foncier non seulement en France, mais aussi dans plusieurs législations étrangères où l'institution fonctionne, dans les États allemands, par exemple, avec les Bons fonciers du royaume de Prusse et les Handfesten de la ville libre de Brême.

Mais, en y regardant de plus près, j'ai trouvé ce cadre trop vaste ; c'est pourquoi je me suis vu contraint de le ramener à des proportions plus modestes, ne fût-ce que pour le mettre en harmonie avec la façon dont il serait traité. Je ne vous parlerai donc que de la mobilisation du sol en France, et particulièrement de la mobilisation du crédit foncier qui en est la forme la plus pratique.

Aussi bien, il y a là une idée essentiellement française et si elle a été adoptée chez nos voisins, elle est née chez nous ; elle a présidé, au siècle dernier, aux essais du financier Law, à la création des assignats et des mandats territoriaux. Nous la retrouvons enfin tout entière sous une forme plus acceptable dans le système cédulaire avec la loi éphémère du 9 messidor an III.

Si nous ne nous autorisions que de souvenirs comme ceux

qu'ont laissés Law, les assignats et les mandats territoriaux pour recommander la mobilisation du sol, sans doute ne pourrions-nous convaincre personne de l'excellence d'un pareil régime foncier. A d'autres égards aussi de nombreuses critiques lui ont été adressées.

Il n'est point étonnant que dans un pays aussi attaché que le nôtre à la tradition (au point de vue juridique toutefois), la mobilisation du sol ait trouvé beaucoup d'adversaires. Ce système, en effet, poussé dans ses conséquences extrêmes, porterait à la dignité des immeubles considérés de nos jours encore comme les biens par excellence, une atteinte tellement profonde que le régime de la propriété foncière en serait bouleversé de fond en comble. Aussi, pour le moment, paraît-il difficile d'aller très loin ; car, « il ne faut pas effrayer le bourgeois, » comme le faisait judicieusement remarquer Gambetta, il ne faut pas jeter le trouble dans l'esprit des propriétaires, il ne faut pas rompre trop brusquement avec le passé.

Et, cela n'est pas douteux, le bourgeois serait fort effrayé si un système rappelant celui des assignats, des mandats territoriaux et peut-être même rappelant celui des cédules hypothécaires était inauguré de nos jours.

Sans doute, si on la suit jusqu'au bout, l'idée de la mobilisation peut être dangereuse. Elle peut compromettre la sécurité de la propriété foncière en rendant trop fragiles les titres qui l'établissent ; elle peut constituer un danger national si, comme on l'avait fait avec le système des assignats, on dépasse, dans la création des titres de crédit, la valeur du gage foncier. Mais, entendue avec sagesse et mesure, l'idée offre dans son application des avantages nombreux.

C'est que la mobilisation du sol a des degrés. Elle peut aller de la simple mobilisation du crédit foncier, à la monétisation du sol. La mobilisation du crédit foncier consisterait seulement à rendre plus facile, moins formaliste et partant plus rapide, la cession des créances hypothécaires. La monétisation du sol aurait pour résultat de faire circuler la terre, représentée par des assignats, comme une véritable monnaie. Entre ces deux termes extrêmes, il y a place pour une mobilisation intermédiaire qui aurait pour but d'accélérer les transferts de propriété immobilière en les rendant plus simples et de faciliter aussi la cession des créances hypothécaires.

C'est surtout au point de vue très pratique de la mobilisation du crédit hypothécaire, que l'institution doit être accueillie et c'est à ce point de vue que nous l'étudierons, en examinant spécialement dans notre pays la marche de l'idée depuis la loi du 9 messidor an III, jusqu'au projet élaboré par la sous-commission juridique du cadastre instituée au ministère des finances, par un décret du 30 mai 1891. Grâce aux travaux de cette sous-commission, la question présente un intérêt très actuel.

*_**

Vous savez, Messieurs, que la loi de l'an III avait pour objet principal d'organiser le système hypothécaire français et ce n'est qu'accessoirement qu'elle institua la cédule hypothécaire dont s'occupent les articles 36 et suivants. Cette loi décida que tout propriétaire foncier pourrait prendre hypothèque sur soi-même et se faire délivrer par le conservateur une ou plusieurs cédules, en représentation de l'hypothèque prise. Ces cédules constituaient des titres de créance, négociables par endossement et portant en eux garantie hypothécaire sur un immeuble déterminé. Le propriétaire auquel elles avaient été délivrées se trouvait fictivement créancier de lui-même jusqu'à ce qu'il en eût fait cession à un tiers.

Il y avait là une conception très hardie qu'on a beaucoup calomniée, mais qui fait le plus grand honneur au législateur révolutionnaire. Malheureusement, le système n'a pas vécu assez longtemps pour qu'en fait l'expérience en eût montré chez nous l'utilité ou les dangers; mais l'idée sur laquelle il repose n'a rien théoriquement qui soit irréalisable : le bon foncier, créé dans le royaume de Prusse avec le même caractère que la cédule de messidor, en est la preuve.

L'hypothèque ainsi établie était indépendante de toute créance ; elle ne garantissait absolument rien et ce principe nouveau de son autonomie possible était bien fait pour inquiéter les esprits où règne en maîtresse la tradition romaine.

Il est nécessaire de bien comprendre le fonctionnement du système. Le propriétaire d'un ou de plusieurs immeubles qui voulait se faire délivrer des cédules hypothécaires devait établir d'abord l'identité et la valeur du bien qu'il prétendait grever. C'est à ce but que tendaient les déclarations foncières. Le requérant cédule prouvait qu'il était propriétaire au moyen des titres qu'il avait en sa possession. Puis, il déclarait la valeur de son bien en capital et en revenu. Il devait aussi faire connaître les hypothèques dont ce bien était déjà affecté. La déclaration foncière était communiquée au conservateur qui pouvait refuser la délivrance des cédules pour les deux motifs suivants : 1° défaut de justification de la propriété sur la tête du requérant; 2° exagération du chiffre d'estimation porté dans la déclaration foncière.

Lorsque le refus était fondé sur le premier motif, on ne pouvait passer outre. C'est qu'en effet il était impossible de rendre le conservateur responsable des causes d'invalidité de la propriété aux mains de celui qui requérait cédule. Le conservateur des hypothèques, à la différence des législations qui suivent en cette matière le système germanique, n'a jamais été chez nous juge d'une pareille question. Mais, étant responsable de la valeur déclarée des biens, il acceptait cette déclaration à ses risques et périls. Le chiffre que portait la cédule n'était plus contestable et si le prix des immeubles affectés à sa garantie n'était pas suffisant quand arrivait l'échéance, le conservateur devait payer de ses propres deniers.

Aussi, ce dernier dans la plupart des cas contestait l'esti-

mation du propriétaire. Pour mettre fin au conflit, la loi pres-
crivait une expertise. Cette responsabilité écrasante pour le
conservateur est un des points faibles de la loi de messidor.
De plus, et c'est un grand reproche qu'on peut faire à cette loi,
elle entraînait des lenteurs et des frais considérables ; car il y
avait presque toujours expertise par suite de désaccord entre
le conservateur et le requérant cédule. Celui-ci, auquel la loi
ne permettait de céduler que les trois quarts de la valeur de
ses immeubles, était fatalement entraîné à vouloir profiter de
tout son crédit et même à forcer l'estimation. Le conservateur au contraire avait tout intérêt à diminuer cette estimation
puisqu'il courait le danger éventuel de payer le montant de
la cédule.

La cédule une fois délivrée, le propriétaire avait en mains
son crédit matérialisé pour ainsi dire. Il pouvait garder les
cédules en portefeuille avec toute leur valeur et les négocier
au fur et à mesure de ses besoins d'argent. Elles étaient à
ordre et revêtues de la formule exécutoire. Quand le propriétaire voulait faire appel à cette réserve de crédit, il cher-
chait un capitaliste avec des fonds disponibles et passait à son
ordre une des cédules de son portefeuille. Alors seulement,
apparaît l'obligation que doit garantir l'hypothèque, car avant
d'avoir été remise à un tiers, la cédule ne faisait que prépa-
rer l'existence d'une créance éventuellement possible et à
laquelle l'endossement donne naissance. Le propriétaire, avant
la cession de son titre, avait sur l'immeuble cédulé un droit
réel, distinct du droit de propriété ; ce droit réel, *sui generis*,
était une hypothèque ayant une existence virtuelle dans son
patrimoine et destinée à garantir la dette qu'il se proposait
de contracter plus tard, avec effet rétroactif au jour de la
réquisition de cédule.

La cédule gardait pendant dix ans toute la valeur qu'elle
avait lors de sa délivrance. L'utilité spéciale qu'elle présen-
tait au point de vue de la mobilisation du crédit foncier était
de pouvoir être affectée à la garantie de plusieurs créances

successives. Le premier prêteur pouvait en effet la transmettre par simple endossement à un second prêteur ; celui-ci à un troisième et ainsi de suite, jusqu'à ce qu'étant arrivée à échéance, elle fût présentée au propriétaire de l'immeuble cédulé qui jouait ainsi un rôle à peu près analogue à celui du tiré dans la lettre de change.

On pourrait concevoir encore une plus grande analogie entre la lettre de change et la cédule. Vous savez, en effet, Messieurs, que les endosseurs d'une lettre de change peuvent exercer un recours les uns contre les autres, suivant un certain ordre, lorsque la dette n'est pas payée à l'échéance. Ce principe du droit commercial aurait pu être transporté dans notre matière. Mais l'inconvénient d'un pareil système est de subordonner trop complètement le crédit immobilier au crédit personnel. Toute la force de l'hypothèque n'est pas utilisée ; de plus, cette multiplication des garanties, cette complication des voies de recours, tout en n'assurant pas le crédit, fait obstacle à son développement. Aussi, la loi de messidor avait-elle décidé, art. 36-3°, qu'il n'y aurait aucun retour de garantie, d'un endossement à l'autre, excepté seulement en cas de faux.

Si la cédule n'était pas payée à l'échéance, le porteur faisait vendre l'immeuble grevé sans intervention de l'autorité judiciaire puisque, vous le savez, son titre était revêtu de la formule exécutoire. Si elle était payée, le propriétaire en reprenait possession et si dix ans ne s'étaient pas écoulés depuis sa délivrance, elle avait conservé sa valeur primitive et pouvait encore servir à la garantie de nouvelles créances.

***

Vous concevez, Messieurs, toute l'utilité du système cédulaire au point de vue de la mobilisation du crédit foncier. Nous nous trouvons en présence d'une créance hypothécaire qui peut circuler avec la même facilité qu'un effet de commerce. L'hypothèque transmissible par simple endossement peut être affectée à la garantie de créances successives et de ce fait, le crédit territorial est multiplié.

Il y a de nombreux avantages à rendre ainsi très mobiles les titres hypothécaires. Ces avantages existaient en l'an III comme ils existent aujourd'hui, mais ils apparaissaient peut-être avec moins d'évidence. Le système permet d'abord aux capitalistes de trouver un placement; il permet aussi à la propriété rurale de trouver des capitaux. Je n'ai pas besoin de vous faire remarquer combien ce dernier résultat est désirable ; vous savez d'ailleurs que l'organisation du crédit agricole est un des gros problèmes de notre époque. Le but à atteindre est de rendre les prêts hypothécaires le moins onéreux possible pour l'emprunteur qui, souvent, n'a un besoin immédiat que de quelques centaines de francs.

Il semble que la création d'un titre facilement transmissible, comme l'était la cédule hypothécaire de l'an III, amènerait la solution de bien des difficultés dans cet ordre d'idées. Que se passe-t-il en effet avec le régime actuel ? Lorsqu'un petit propriétaire campagnard veut faire une mise de fonds, soit pour agrandir son exploitation, soit pour acheter des engrais, soit pour quelque autre raison, il peut être obligé de contracter un emprunt. Cela arrive très souvent et l'on a même constaté que le nombre des prêts hypothécaires, faits généralement aux propriétaires ruraux, est tel que les prêts de 1000 francs et au-dessous forment seulement le cinquième du montant total des capitaux prêtés, alors que le nombre de ces prêts est plus de deux fois supérieur à celui des prêts au-dessus de 2000 francs. Le contrat hypothécaire pour des sommes relativement peu importantes est donc très fréquent.

Or, il coûte fort cher, au point que, ceci a été calculé, l'intérêt à 5 p. 100 ajouté aux honoraires du notaire, aux frais de timbre, d'inscription et de remboursement s'élève pour deux ans à 48 fr. 50 p. 100, soit à une moyenne annuelle qui dépasse 24 p. 100 lorsque le prêt est inférieur à 300 francs. Il faudrait exonérer le crédit foncier de la plupart de ces frais. Il faudrait que,lorsque le prêt hypothécaire s'impose, le propriétaire gêné pût offrir en garantie un titre très solide et que le contrat s'effectuât sans les formalités actuelles. C'est ce qui se passait avec la cédule de l'an III. Il était inutile de recourir au notaire pour conférer une hypothèque, une simple signature suffisait. Alors que le paysan a besoin d'une petite somme, sa situation serait meilleure s'il avait en mains un titre qu'il pourrait négocier à une maison de Crédit comme il s'en établirait certainement dans ce but, avec une pareille organisation du crédit foncier. « Il est certain, disait l'économiste M. Neymarck à la sous-commission juridique du cadastre, le 22 février 1894, que le jour où, chez nous, il aura été créé une obligation hypothécaire, indiquant les charges, donnant toute sécurité possible, il se fondera des banques qui mettront dans leur portefeuille des obligations hypothécaires, absolument comme elles y mettent des billets à ordre. » — En tout cas, les formalités étant réduites l'opération serait beaucoup plus courte et certains particuliers eux-mêmes, qui préfèrent aujourd'hui les placements en valeurs de Bourse, confieraient certainement leurs capitaux à la terre s'ils trouvaient avec le gage solide qu'elle procure les avantages de rapide circulation dont sont douées les valeurs mobilières.

En faisant participer le crédit foncier à cette circulation facile, le bon hypothécaire contribuera à rétablir entre l'élément mobilier et l'élément immobilier de la fortune publique l'équilibre aujourd'hui rompu. A ce sujet, le savant jurisconsulte M. Persil, dans un rapport adressé au garde des sceaux sur la Réforme hypothécaire, disait déjà en 1849 : « Vous aurez été frappé d'un fait qui est de nature à modifier les conditions de l'existence sociale. C'est le prodigieux accroissement, depuis une vingtaine d'années, de la fortune mobilière; et en regard, la stagnation de la propriété territoriale. D'un côté, l'abondance des capitaux, qui place l'industrie et le commerce à la tête de la civilisation; de l'autre, la rareté, la pénurie des espèces et cet obstiné refus de les confier à l'agriculture qui est pourtant, dans un pays aussi favorisé de la nature que le nôtre, la source la plus honorable, la plus féconde, la plus sûre de toutes les industries. »

Les choses n'ont pas changé, ou plutôt la situation s'est accentuée dans le sens indiqué par M. Persil et nous citerons encore à ce sujet M. Neymark : « Tantôt nous avons des crises agricoles, des crises immobilières; l'argent ne va pas aux terres, à la propriété et préfère se placer en valeurs de Bourse. Tantôt, au contraire, nous avons des crises financières, des crises de spéculation; l'argent se trouve trop abondant, il ne sait comment s'employer; il cherche toutes sortes de combinaisons alors qu'il a en face de lui un placement sûr, une véritable fortune qu'il aurait pû accroître dans la plus large mesure, tout en rendant au pays les plus grands services. »

Non seulement le crédit hypothécaire, étant devenu plus mobile, se trouvera en présence d'une masse plus considérable de capitaux et de ce fait le taux de l'intérêt baissera, mais d'autres avantages encore apparaîtront pour le débiteur. Avec notre système actuel, lorsque ce dernier ne paie pas à l'échéance, il se trouve exposé à l'expropriation. Or, la saisie immobilière entraîne des frais considérables qui pourraient être évités, si le créancier accordait un délai de quelques années. C'est que la terre a besoin d'un crédit à très long terme; elle rend difficilement les capitaux qu'on lui incorpore. Si le créancier qui n'est pas payé à l'échéance peut attendre, il n'y aura pas grand mal. Mais, si lui-même a contracté des obligations auxquelles il est tenu de satisfaire, il réclamera son remboursement par les moyens légaux. Au contraire, si le titre hypothécaire était facilement négociable, le créancier se substituerait un autre capitaliste qui, ayant des fonds disponibles, trouverait à les employer et procurerait ainsi à l'emprunteur le délai dont il a besoin. La mobilisation du crédit foncier améliorerait donc la situation de l'emprunteur, en diminuant le taux de l'intérêt et en écartant la fatalité du terme ; elle ferait aussi l'affaire du créancier qui ne verrait pas sa créance indéfiniment immobilisée et qui pourrait, quand il en aurait besoin, la convertir très facilement en espèces.

De même, si les translations de propriété étaient presque gratuites, si elles étaient délivrées de l'impôt que prélève le le notaire, si les formalités étaient réduites à une seule, on achèterait une terre comme on achète un titre de rente, sans craindre d'immobiliser un capital et de le rendre indisponible puisqu'on pourrait le réaliser quand on voudrait, en négociant son titre de propriété. La terre, ainsi dégrevée des frais accessoires qu'entraînent les ventes immobilières, serait l'objet d'un plus grand nombre de demandes et par conséquent il y aurait pour elle une augmentation de valeur. Sous ce rapport, l'idée de la mobilisation n'a fait chez nous aucun progrès. On considère comme très dangereuse la facile transmission de la propriété foncière. Vous savez, Messieurs, qu'en Australie, l'Act Torrens a atteint ce degré de mobilisation du sol et qu'une législation analogue existe en Tunisie. — Cette transmission facile du titre de propriété ne peut être admise que si le titre a été établi d'une façon rigoureusement exacte avec l'aide du cadastre et du livre foncier. Grâce à ces monuments, en effet, l'état civil des propriétés est juridiquement déterminé, et le titre délivré en conformité des registres représente identiquement les propriétés qui y sont inscrites ou plutôt immatriculées, pour me servir de l'expression consacrée. La propriété est représentée par le titre au point qu'en transmettant l'un, on transmet l'autre ; la terre est donc mobilisée. La loi de l'an III n'allait pas jusque-là. Les déclarations foncières ressemblaient assez au Livre foncier et servaient à établir l'état civil de l'immeuble pour lequel on requérait cédule, mais cette cédule ne pouvait servir à transférer la propriété, et son rôle se bornait à rendre le crédit foncier plus mobile.

Tel quel, le régime de la loi de Messidor était bien supérieur à celui qui lui a succédé, au point de vue qui nous oc-
cupe. L'idée très originale sur laquelle il repose est en effet
complètement absente de la législation postérieure. Le code
de 1804 n'en contient aucune trace et, il faut bien l'avouer, à
beaucoup d'autres égards son système hypothécaire est infé- •
rieur à celui des lois de l'époque révolutionnaire. C'est ainsi
que nous le voyons restreindre les principes de la spécialité
et de la publicité de l'hypothèque en ce qui concerne les
hypothèques légales.

Avec le Code civil, l'hypothèque a repris cette allure gênée,
cette immobilité que lui avait donnée la tradition romaine.
Aucune disposition n'a été prise dans le but d'accélérer la
circulation des créances hypothécaires, de faciliter l'expan-
sion du crédit territorial. Deux moyens seulement sont offerts
au créancier qui veut céder sa créance : la subrogation et la
cession de créance des art. 1689 et 1690. Or, ce sont là des
procédés imparfaits dont le crédit moderne ne saurait s'ac-
commoder. Ils sont trop longs et trop coûteux, puisqu'ils exi-
gent encore l'intervention du notaire. Aussi, les nécessités
de la pratique ont fait naître l'usage de moyens que n'avait
pas prévus la loi et qui peut-être ne sont pas très légitimes,
mais qui ont fini par triompher devant les tribunaux, parce
qu'en somme ils correspondent à des besoins actuels, que
seuls ils peuvent satisfaire. La jurisprudence complète la loi.

Ces moyens consistent à donner à l'obligation hypothé.
caire la forme d'un billet à ordre ou d'une lettre de change-
Le titre rédigé en brevet passe par l'endossement aux mains
de différents cessionnaires et l'on peut vraiment dire qu'il
est mobilisé. Le créancier primitif se dessaisissant du titre
par l'endossement ne garde rien en sa possession et ne peut
porter atteinte aux droits des créanciers subséquents. On n'a
donc aucune fraude à craindre. Mais on a contesté que la
transmission de la créance principale par voie d'endossement
peut opérer le transport de l'hypothèque qui la garantit et qui

pourtant n'en est que l'accessoire. Ce mode de transmission, dit-on, serait inconciliable avec la faculté qu'a tout détenteur d'immeuble hypothéqué de purger sa propriété, parce qu'il ne saurait à qui faire les notifications à fin de purge. De plus, l'endossement, procédé de droit commercial, ne peut avoir, dans une matière civile, la valeur qu'on lui reconnaît. Sans nous attarder à ce débat, nous noterons que la pratique a facilement accepté l'opinion que l'hypothèque était valablement transmise. La cour d'Alger, à la date du 7 mai 1870 (Sir. 71.2.105), a rendu un arrêt dans ce sens. Voici en quels termes s'exprime la Cour : « La validité de l'hypothèque en question, dont les avantages au point de vue de la rapidité et de la multiplicité des conventions sont devenues manifestes par l'usage fréquent qui en est fait dans l'étendue du ressort, ne porte aucune atteinte aux garanties résultant, au profit des tiers dont l'intérêt domine la question, de notre régime hypothécaire actuel. »

Vous sentez bien, Messieurs, que l'évolution qui s'opérait dans la pratique avait son contre-coup en législation. Pendant la longue période de tâtonnements qui s'est terminée par la loi du 25 mars 1855 sur la transcription, divers projets de réformes à notre point de vue avaient été proposés. C'est ainsi que la commission parlementaire de 1850 avait admis dans son projet un article 2126, dans lequel elle dit que l'obligation hypothécaire pourrait être payable à ordre, qu'elle serait transmissible par endossement fait sur la grosse ou sur le brevet. Cet article introduit aussi la solidarité entre les endosseurs contrairement, vous vous en souvenez, aux dispositions de la loi de l'an III à ce sujet. Mais l'assemblée législative fut dissoute avant l'adoption du projet.

Cependant, le désir de faire quelque chose pour le crédit agricole amena les pouvoirs publics, d'ailleurs pressés par l'opinion, à l'organisation de la société du crédit foncier de France qui, dans une certaine mesure très restreinte il est vrai, réalise la mobilisation des créances hypothécaires. Cette société créée par un décret du 25 février 1852 sert, vous le savez, d'intermédiaire entre les emprunteurs et les capitalistes. Parmi les titres qu'elle délivre à ces derniers, il en est, les lettres de gage, qui sont transmissibles aussi facilement que les valeurs mobilières ordinaires. Mais il n'y a pas là une mobilisation suffisante du crédit territorial. Sans doute, les lettres de gage emportent garantie hypothécaire, puisque, aux termes de l'art. 14 du décret de 1852, « la valeur des lettres de gage ne peut dépasser le montant des prêts », et ces prêts, faits aux particuliers, sont tous garantis par une hypothèque. Il y a donc, par la cession de ces titres, transmission d'une créance hypothécaire. Cependant, le porteur d'une lettre de gage ne peut se prévaloir de son hypothèque contre la société du Crédit foncier, personne morale dont il est immédiatement créancier. Il faudrait que la société fût en faillite pour qu'un porteur de lettre de gage pût intenter l'action hypothécaire contre un emprunteur, dont il serait devenu alors le créancier immédiat. Mais, la Société du Crédit foncier servant d'intermédiaire, nous nous trouvons en présence d'une hypothèque dont le fonctionnement est anormal.

D'ailleurs, l'intervention de cette société complique le mécanisme du crédit hypothécaire sans grands avantages pour ce dernier qu'il alourdit et qu'il obère encore par les frais d'administration qu'elle entraine. En fait, la société du Crédit foncier de France n'a pas rendu de très grands services au crédit agricole pour lequel surtout des réformes sont nécessaires. La société prête le plus habituellement aux départements, aux communes et aux propriétaires urbains.

**

Il faut donc faire plus que ce qui a été tenté jusqu'ici, pour la mobilisation du Crédit foncier.

C'est dans ce but qu'un décret du 30 mai 1891 institua au ministère des finances une commission extra-parlementaire du cadastre avec un programme touchant à la mobilisation

du crédit hypothécaire et qui contient l'étude des moyens à employer pour arriver à une solution pratique.

Une fraction de cette commission, la sous-commission juridique, a résumé ses travaux dans un certain nombre de résolutions qui, dans un avenir plus ou moins éloigné, seront soumises aux Chambres. Après avoir admis l'institution du Livre foncier et la réfection du cadastre, la sous-commission propose la création de Bons hypothécaires.

Ce n'est pas sans une grande résistance de la part des esprits timorés que cette dernière résolution a été prise. Toutes les critiques faites en général à la mobilisation du sol ont été renouvelées contre ces Bons qui cependant n'impliquent la mobilisation qu'en ce qui concerne le Crédit foncier, c'est-à-dire dans une mesure très acceptable.

Les Bons hypothécaires, a-t-on dit, auront une conséquence néfaste; les paysans mobiliseront à la fois tout leur crédit et négocieront sans prudence les titres qu'ils auront créés. Ils auront ainsi hypothéqué tout ce qui leur appartient sans apercevoir immédiatement les conséquences de leurs actes; des idées de spéculation malsaine s'empareront de leurs esprits; ils dissiperont leur patrimoine. Avec le régime du Code civil, au contraire, la présence du notaire lors de la constitution de l'hypothèque est une sauvegarde si elle est en même temps une charge; l'officier ministériel prévient l'emprunteur des conséquences de l'affectation hypothécaire qu'il consent; il lui montre qu'il est sur le chemin de la ruine. Ces raisons, Messieurs, sont respectables; mais, qu'on nous permette de le dire, elles le sont par leur seule antiquité et c'est sans doute par l'habitude qu'elles ont d'être répétées avec persistance dans les livres et à l'École, qu'elles paraissent indéracinables aujourd'hui.

Nous croyons au contraire que cette tutelle, cette protection dont le Code entoure le propriétaire foncier, ne se justifie absolument par rien. En 1804, elle s'expliquait assez facilement par le désir qu'avait le législateur de conserver le patrimoine immobilier. Le Code édicte, en effet, des règles très nombreuses tendant à protéger la fortune immobilière. Il faut bien reconnaître que ces règles sont trop étroites ; elles protègent la fortune territoriale, mais c'est en l'étouffant. Nous retrouvons dans notre matière un reflet de l'état des esprits au commencement du siècle, alors que le crédit était chose à peu près inconnue. Aujourd'hui, tout a changé ; un courant d'idées s'est établi en faveur de règles plus libérales ; les immeubles sont assurément des biens très importants, mais il faut leur laisser une plus grande liberté d'alures. Aussi, les critiques dirigées contre le propriétaire des campagnes sont, pour ceux qui le connaissent, loin d'être fondées. M. Baudrillart, dans la *Revue des Deux-Mondes* du 1er juillet 1891, disait à ce sujet : « Il est difficile de comprendre qu'on traite en mineur le paysan investi de tous les droits civils et du droit de suffrage, pour une chose qui regarde ses intérêts les plus immédiats... Ce sont les paysans qui ont le mieux su faire leurs affaires depuis 1789. »

C'est pour cela qu'il est difficile d'admettre que le paysan qui a sué sang et eau pour acquérir la terre aille compromettre sa propriété par une mobilisation inconsidérée.

Sans doute, dit-on, mais les prodigues, et il y en a beaucoup, se ruineront plus vite, s'ils trouvent ainsi facilement du crédit. Cette considération, Messieurs, doit-elle avoir assez d'influence pour empêcher qu'une mesure, qui aurait au point de vue général une utilité si manifeste, soit accueillie ? Les prodigues sont une minorité, heureusement. Leur intérêt est en somme un intérêt particulier qui doit céder devant l'intérêt général. Du reste, la loi donne un remède à leur famille avec l'interdiction. Au surplus, le prodigue a bien d'autres moyens de se ruiner. Ne peut-il pas vendre son champ et en dissiper le prix ; ne peut-il pas l'hypothéquer, même aujourd'hui ? Et si cet argument pouvait quelque chose, il prouverait trop, puisqu'il faudrait aussi condamner toutes les valeurs mobilières que les prodigues peuvent liquider avec une si déplorable facilité. Faut-il donc édicter des lois qui empêchent un particulier de négocier ses rentes sur l'État ou ses obligations de chemins de fer. Et puis, la liberté de se ruiner est, si je ne me trompe, un principe reconnu de droit constitutionnel.

La Sous-Commission juridique du cadastre a donc eu raison d'adopter le bon hypothécaire. Mais, ce bon étant adopté, on a nié son utilité au point de vue de la mobilisation du Crédit foncier. M. Léon Michel, professeur à la faculté de Droit de Paris, a soutenu que ce bon ne pourrait jamais être négociable. Disons tout de suite, Messieurs, pour vous rassurer sur le sort du bon hypothécaire, que la thèse du savant maître n'est qu'un aimable paradoxe. Il a été développé au cours de la discussion qui s'est élevée au sujet de la forme à donner au bon hypothécaire. Il est décidé que ce bon pourra être à ordre ou au porteur. M. Léon Michel prétend que, sous l'une ou sous l'autre de ces formes, le bon ne sera pas négociable, parce qu'il est de la nature du Crédit foncier d'être réfractaire à la négociabilité. Cette discussion sur la forme à donner au bon hypothécaire rappelle à M. Léon Michel une anecdote que je ne puis m'empêcher de vous conter après lui. Un des derniers rois de Naples assistait à une séance de son conseil des ministres. Le ministre de la guerre et celui des finances entamèrent une vive discussion sur le costume à donner à la garde royale. Au cours de cette discussion, le roi, sortant de sa somnolence, leur dit : « Habillez-les en jaune, habillez-les en vert, habillez-les comme vous voudrez... ils se sauveront tout de même. » — Et M. Léon Michel ajoute : « Constituez le bon hypothécaire comme vous voudrez, qu'il soit à ordre ou au porteur, il ne sera pas négociable, car il représentera tout de même le crédit immobilier qui, de sa nature, ne l'est pas. Sans doute, le crédit mobilier peut revêtir la forme au porteur ou à ordre mais c'est que de sa nature il est mobile au contraire de l'autre et, ici, « la fonction a créé l'organe ». En matière de crédit territorial, au contraire, chaque titre de créance hypothécaire a une individualité ; il est distinct des autres titres de ce genre ; le nom du créancier, celui du débiteur, l'immeuble hypothéqué, l'échéance, la somme prêtée varient d'un bon hypothécaire à l'autre. Il ne peut donc pas s'établir de marchés, de cours de pareilles valeurs comme il y en a pour les valeurs de Bourse ; de là naît une impossibilité de négocier les bons hypothécaires. Et M. Léon Michel conclut que la mobilisation du crédit hypothécaire ne peut s'obtenir que par l'intermédiaire d'une société comme celle du crédit foncier de France, qui crée des titres tous pareils, les lettres de gage et pour lesquels peut s'établir un marché. A son avis, la socialisation du sol peut seule amener le résultat cherché. De pareilles objections, Messieurs, disparaissent facilement devant cette considération que les effets de commerce se négocient sans aucune difficulté par l'intermédiaire des banques alors qu'eux aussi pourtant sont des titres ayant une individualité très marquée. Est-il donc téméraire d'affirmer que les banques négocieront les bons hypothécaires comme elles négocient les effets de commerce ? Nous ne le croyons pas, elles y trouveront même un avantage puisque le papier négocié portera garantie hypothécaire.

Mais, Messieurs, il n'y a qu'une promesse dans les résolutions de la sous-commission juridique du cadastre. Le législateur peut rejeter le projet et la question n'aurait pas fait alors un pas. Nous serions toujours sous le régime du Code civil, tout au moins sous celui du décret du 28 février 1852, organisateur de la société du Crédit foncier de France. Notez que si le projet de la sous-commission est adopté, nous ne serons pas allés plus loin dans le sens de la mobilisation du sol que le législateur de l'an III. Il semble même que nous soyons en retard sur lui ; car, vous le savez, et c'était l'idée a plus originale de la loi de messidor, le propriétaire d'un immeuble pouvait prendre hypothèque sur lui-même et créer à l'avance les cédules hypothécaires, équivalentes, *mutatis mutandis*, aux bons de la sous-commission. Au contraire, ceux-ci ne pourront être délivrés par le conservateur que s'il y a réellement un prêt, une créance préexistante et qu'il faut garantir. C'est que les membres de la commission veulent atténuer le danger possible de l'institution en ne permettant de mobiliser le crédit qu'au fur et à mesure des besoins d'argent. Il y a là une concession faite aux adversaires du système. Mais cette disposition transactionnelle n'a pas une très grande portée si on la rapproche d'une autre résolution dans laquelle la commission décide que les bons hypothécaires seront perpétuels et qu'ils conserveront leur valeur même après le paiement de la créance garantie, comme cela avait lieu, vous vous en souvenez, avec la cédule hypothécaire, alors que dix ans ne s'étaient pas écoulés depuis l'émission de cette dernière. Or, s'il en est ainsi avec le bon hypothécaire, si ce bon ne perd sa valeur comme le veut la sous-commission que par sa radiation du livre foncier, après l'échéance de la dette primitivement garantie et payée, le bon hypothécaire revenu aux mains du propriétaire joue absolument le même rôle que la cédule de messidor et constitue dans son expression la plus complète l'hypothèque sur soi-même.

Ainsi donc, sauf des différences dans l'émission des titres de crédit, le projet actuel reproduit d'assez près la loi révolutionnaire.

Une profonde différence existe toutefois sur ce point, que l'immeuble grevé n'est plus estimé officiellement et qu'il n'y a pas de responsabilité à cet égard pour le conservateur. C'est affaire aujourd'hui entre le prêteur et l'emprunteur à discuter la valeur du gage.

Telle est, Messieurs, à beaucoup près sans doute, l'histoire de l'idée de la mobilisation du crédit foncier en France. Je me suis efforcé d'être court, je n'ai pas su réussir et je viens, j'en ai peur, de mettre votre patience à une dure épreuve. Mais avoir l'honneur de parler devant une assemblée telle

que la vôtre étant une occasion rare et précieuse, je n'ai
pu résister au désir d'en profiter, d'en abuser peut-être, quitte,
Messieurs, à faire appel à votre indulgence, à tous égards,
en terminant.

www.ingramcontent.com/pod-product-compliance
Lightning Source LLC
Chambersburg PA
CBHW060539200326
41520CB00017B/5295